AF312735

20 Mars 1905

marqué

Collection d'un Amateur

Etoffes Anciennes

TRÈS BELLES BRODERIES DE LA RENAISSANCE

en soie et or

COLLECTION DE CEINTURES ET D'ÉTOFFES

polonaises

CACHEMIRES DES INDES

TOILES DE GÊNES, TAPIS D'ORIENT

EXEMPLAIRE DE H. STETTIER

Mᵉ E. BOUDIN, Commissaire-Priseur

Mars 1905

vinöles chez M. R. BLÉE, Expert *Laffitte*

de la part de la

Cᵗᵉˢˢ de Berteux

IMPRIMERIE C. CHAUFOUR

8-10 RUE MILTON, 8-10

PARIS

Collection d'un Amateur

Etoffes Anciennes

TRÈS BELLES BRODERIES DE LA RENAISSANCE

en soie et or

COLLECTION DE CEINTURES ET D'ÉTOFFES

polonaises

CACHEMIRES DES INDES

TOILES DE GÊNES, TAPIS D'ORIENT

Mars 1905

Mᵉ E. BOUDIN, Commissaire-Priseur

M. R. BLÉE, Expert

U.054.2

CATALOGUE

DES

ETOFFES ANCIENNES

Broderies de la Renaissance

en soie et or

CEINTURES POLONAISES

Etoffes brodées et lamées

TENTURES — TAPIS

Composant la Collection d'un amateur

ET DONT LA VENTE AURA LIEU A PARIS

HOTEL DROUOT — SALLE N° 10

Les Lundi 20 et Mardi 21 Mars 1905

A 2 HEURES

Mᵉ E. BOUDIN	**M. R. BLÉE**
COMMISSAIRE-PRISEUR	EXPERT
14, rue Grange-Batelière, 14	*56, rue Laffitte, 56*

EXPOSITION PUBLIQUE

Le Dimanche 19 Mars 1905, de 2 heures à 6 heures

CONDITIONS DE LA VENTE

Elle aura lieu au comptant.

Les acquéreurs paieront 10 o/o en sus des enchères.

L'exposition mettant le public à même de se rendre compte de l'état et de la nature des objets, il ne sera admis aucune réclamation une fois l'adjudication prononcée.

M. *René Blée,* remplira les commissions que voudront bien lui confier les amateurs ne pouvant y assister ; il se réserve, en outre, la faculté de diviser ou de rassembler les lots.

Le présent catalogue se trouve à :

Paris. — Chez MM. E. Boudin, commissaire-priseur, 16, rue de la Grange-Batelière :
R. Blée, expert, 56, rue Laffitte.
Londres. — M. Herpin, 162, Wardour Street W.
Munich. — M. Bernheimer, 3, Maximilien Platz.
Berlin. — M. Max Heilbronner, W. Mohrenstr., 115.
Vienne. — M. Low, I. Spiegelgasse, 1.
Cracovie (Galicie). — M. Lewicka.
Varsovie. — M. Gielzinski (Piotr.), rue Marszalkowska, 137.
Rome. — Galerie San Giorgi, Palais Borghèse.
Nice. — M. Portaller, antiquités.

Imprimerie C. CHAUFOUR, 8-10, rue Milton, Paris

DÉSIGNATION

BRODERIES D'OR

1 — Bande d'orfroi en broderies de soies polychrome et d'or nué ; l'Annonciation surmontée d'un cartouche orné de deux têtes de chérubins : encadrement formé d'un dessin courant à feuilles de vigne. Travail hispano-flamand XVIIe siècle.

Vente Spitzer n° 3096.

2 — Fragment d'orfroi en broderie de soie de couleurs et d'or nué sur fond couché d'or : le dessin consiste en la scène de la Visitation surmontée d'un cartouche compris dans un motif architectural : bordure présentant un cep et des feuilles de vigne. Travail hispano-flamand XVIe siècle.

Vente Spitzer n° 3097.

3 — Bande d'orfroi de chasuble en broderie d'or et de soie rouge sur fond de velours vert : décor de candélabre. Espagne XVIᵉ siècle.

Vente Spitzer nᵒ 3115.

4 — Orfroi de chasuble en velours vert olive brodé d'or et de soie rouge : décor consistant en un candélabre. Espagne XVIᵉ siècle.

Vente Spitzer nᵒ 3116.

5 — Deux carrés de dalmatique en broderie d'or et soie de couleurs en haut relief sur fond de velours vert olive dessin de feuillages et entrelacs symétriques. Espagne XVIᵉ siècle.

Vente Spitzer nᵒ 3117-3118.

6 — Deux orfrois de dalmatique en velours vert avec application de broderies d'or et de soie rouge décor de palmettes accostés de leurs rinceaux feuillagés symétriques. Espagne XVIᵉ siècle.

Vente Spitzer 3119-3120,

7 — Deux carrés de dalmatique en broderie d'or rehaussé d'argent avec cordonnet métallique sur fond de velours rouge : au centre deux cartouches contenant des figures de deux martyrs vues à mi-corps, brodées en soies de couleurs. Travail Espagnol XVIIᵉ siècle.

8 — Quatre orfrois de dalmatique en broderie d'or rehaussé d'argent avec cordonnet métallique sur fond de velours rouge : décor de rinceaux feuillagés symétriques. Travail Espagnol XVIᵉ siècle.

9 — Bande d'orfroi de dalmatique en soie tissée d'or sur fond rose, décor à médaillons orné des figures de la Vierge et l'Enfant Jésus, de Saint-Pierre et autre saint personnage et d'autres médaillons fleuris compris dans des entrelacs et dessins symétriques XVIIᵉ siècle.

10 — Autre bande d'orfroi de dalmatique à décor de trois têtes de chérubins, une figure de Ste-Anne et de deux monogrammes du Christ dans des soleils, tissé en soie jaune sur fond rose XVIIᵉ siècle.

11 — Fragment de bande d'orfroi de dalmatique tissu de soie de couleurs dessin consistant en deux arcades superposées sous lesquelles se tiennent debout une figure de Ste-Catherine et une autre figure de Saint. XVᵉ siècle.

12 — Fragments d'orfroi de dalmatique en broderie de soies de couleurs sur fond d'or, décor consistant en quatre arcades sous lesquelles se tiennent debout Saint-Pierre et trois autres saints. Espagne XVIIᵉ siècle.

13 — Fragment d'orfroi de dalmatique en broderie de soies de couleurs sur fond d'or, décor consistant en une arcade sous laquelle se tient debout un saint, au-

dessus une figure du Christ tenant le monde. Espagne
XVIIᵉ siècle.

14 — Bande d'orfroi de chasuble en broderie d'or et de
soies de couleurs sur fond de velours cramoisi décor de
médaillons contenant des saints personnages (enlevés)
et de rinceaux.

15. — Deux bandes d'orfroi de dalmatique en velours vert
application de broderies d'or et de soie, décor de can-
délabres. Espagne XVIᵉ siècle.

16 — Porte-épée en broderie d'or et d'argent sur fond
de soie bleue, décor de culots et de rinceaux symétriques. XVIIᵉ siècle.

17 — Broderie d'or sur fond d'or à entrelacs représentant
le Christ assis tenant le calice supportant la Sainte-
Eucharistie et bénissant. XVIᵉ siècle.

18 — Broderie de soies de couleurs et cordonnet métallique : L'Assomption de la Vierge : elle est représentée
couronnée, les mains jointes, entourée de quatre anges
dont deux portent la couronne à fleurs de lys.
XVIᵉ siècle.

19 — Carré de velours cramoisi portant une application
de broderies en soies de couleurs et or. Le crucifiement
XVIᵉ siècle.

20 — Tapis de broderie, au point de chaînette en soies de couleurs et d'or sur fond de soie bleue, décoré d'un bouquet central et de fleurs reliées par des rubans formant bordure. XVIIe siècle.

21 — Chaperon de chape brodé de soies de couleurs, représentant la descente de croix, sous un décor de deux arcades et de rinceaux. XIVe.

21 — Orfroi de dalmatique en broderie de soies de couleurs à fond violet, décor consistant en trois arcades crenelées superposées sous lesquelles sont représentées trois scènes de la passion. XIVe siècle.

23 — Orfroi de dalmatique en broderie de soies de couleur sur fond d'or, décor consistant en trois arcades superposées sous lesquelles se tiennent debout : Saint-Pierre, Saint-Luc, et Sainte-Catherine, cette dernière figure est coupée à mi-corps. Espagne XVIIe siècle.

24 — Cartouche en velours bleu à rinceaux et ornements en application de soie crême cerné d'un cordonnet d'or, contenant une broderie en soies de couleurs, cerné d'or, représentant une martyre et une sœur de charité.

25 — Petit médaillon rond de broderie de soies de couleur et or, représentant l'enfant Jésus, marchant tenu par la main, entre St-Joseph et Marie. XVIe siècle.

26 — Belle pente en soie crème entièrement brodée en
or de rinceaux fleuris et de couronnes ; au centre médaillon de broderie au passé, représentant l'Assomption de
la Vierge. Espagne xviie siècle.

27 — Deux bandes et trois morceaux de broderie au passé
en soies de couleurs réhaussé d'or sur fond de soie
crème, représentant La Vierge, le Christ et sept
anges musiciens. Espagne xviie.

28 — Bandeau formé de trois fragments et un paneau en
velours cramoisi, avec applications de broderies de
soies de couleurs d'or, et d'argent, à décor de mascarons
et de vases accostés de chimères ; encadrements de
feuilles enroulées xvie siècle.

29 — Deux bandeaux d'autel en application de velours
brodé cerné dans un cordonnet métallique, réappliqué
sur fond de damas bleu, dessin à rinceaux et culots
fleuris répétés. xviie siècle.

30 — Bandeau d'autel en application de velours brodé
cerné d'un cordonnet métallique, dessin à comparti-
ments alternés, ornés de palmettes, vases et rinceaux
sur fond de velours, réappliqué. xviie siècle.

31 — Bandeau de velours cramoisi, appliqué d'ornements
et de croix en satin jaune. xviie siècle.

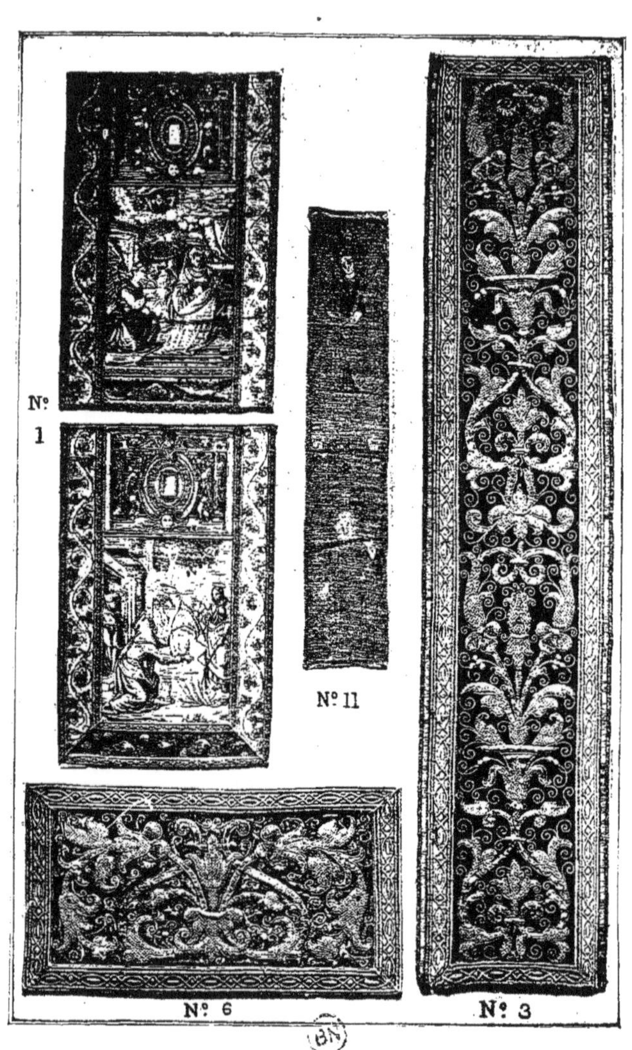

Nº 1
Nº 11
Nº 6
Nº 3

32 — Deux carrés de velours cramoisi appliqué d'ornements et de croix en satin jaune. xviie siècle.

33 — Grand devant d'autel en soie bleue appliqué de motifs symétriques en velours jaune découpé ; sur trois côtés se trouve une partie d'inscriptions en soie jaune sur velours cramoisi. xviie siècle.

34 — Bande de broderie de fleurs en soies de couleurs au point de Hongrie et de torsades d'or réappliquée sur fond de faille bleue.

35 — Grand lambrequin décoré de rinceaux fleuris en velours rouge découpé et appliqué sur fond de soie jaune.

36 — Lambrequin brodé à larges fleurs et rinceaux en soies de couleurs et velours rouge réappliqué. Espagne xviie siècle.

37 — Carré de velours cramoisi portant cinq applications, dont 4 Vierge à l'enfant, et une mise au tombeau en broderie point de Hongrie, en soie or et paillettes ; encadrement de dentelle d'or. Espagne xvie siècle.

38 — Etole et manipule en broderie de soies de couleurs et d'or, sur fond de moire crème décorés de croix, de rinceaux et de fleurs xviie siècle.

39 — Etole, manipule et couvre ciboire en broderie de
soies de couleurs sur fond de soie crème, ornés de larges
fleurs et de feuilles, galon métallique. XVIIᵉ.

40 — Lot comprenant : une étole, deux manipules, un
couvre-ciboire et partie de manipule en soie brodée et
en velours.

41 — Chape en soie brochée à fleurs bleues sur fond
havane ; la bande supérieure est en soie crème quadrillé
semé de petits bouquets ; frange de soie. XVIIᵉ siècle.

42 — Chape en soie lamée d'or à dessin en rouge sur fond
bouton d'or ; la bande supérieure est en soie crème lamé
d'or formant dessin de rinceaux et de fleurs ; galons en
soie jaune. XVIIᵉ siècle.

43 — Chasuble en soie brochée et lamée d'argent à dessin
courant en bleu sur fond marron et broderie d'argent et
paillette d'or ; galon métallique. XVIᵉ siècle.

44 — Neuf pièces en soie brochée et lamée d'or à dessin
de rubans entrelacés sur fond rose.

45 — Trois pièces, parties de chape, tissée de soie rose et
de soie rouge lamé. XVIIᵉ siècle.

BRODERIES SUR SOIE

46 — Drapeau de Stanislas Auguste Poniatowski, en taffetas moitié rose, moitié bleu avec applications de taffetas de couleurs cerises, et points de chaînette, à deux
faces ; la première est ornée de l'Aigle polonaise, au
centre « Clolek » dans une couronne formée par l'en-
trecroisement d'une branche de laurier et d'une branche de chêne ; la deuxième face porte S.A.R. couronné ;
la date 1768, est brodée en jaune sur les deux faces.

47 — Couvre-calice à broderies, en soies de couleurs, or
et argent sur fond de soie crème, de fleurs contenues
dans quatre arcades et d'une bordure à dessin courant
fleuri ; dentelle d'or. Espagne xviiᵉ siècle.

48 — Couvre-calice rond brodé, en argent, d'un saint
Esprit au milieu d'un soleil rayonnant, en or, sur fond
de satin cerise. Effilé d'or. xviiᵉ siècle.

49 — Voile de calice, brodé au passé, en soies de couleurs sur fond de soie crème, d'une croix et de
bouquets fleuris. xviiᵉ siècle.

50 — Voile de calice brodé au passé, de soies de couleurs sur fond de toile, d'une figure de la Vierge tenant l'Enfant-Jésus et de bouquets de fleurs; dentelle d'argent. XVIIe siècle.

51 — Voile de calice brodé au passé, de soies de couleurs sur fond de toile, d'une figure de la Vierge tenant l'Enfant-Jésus et de bouquets fleuris; dentelle d'argent XVIIe siècle.

52 — Beau voile de calice richement brodé au passé, de soies de couleurs d'or et d'argent, ayant au centre une figure du Christ et quatre figures d'anges séparées de larges dessins de palmettes; dentelles d'or. Espagne XVIIe siècle.

53 — Voile de calice en soie crème brodé au passé, de soies de couleurs et d'or, de bouquets de fleurs et de rinceaux, au centre monogramme du Christ. XVIIe siècle.

54 — Autre voile de calice en soie crème richement brodé au passé, de soies de couleurs et d'or, de corbeilles fleuries et de fleurs reliées par des rinceaux, au centre monogramme du Christ brodé en argent. XVIIe siècle.

55 — Deux voiles de calice en satin vert et bleu orné chacun d'une croix et des instruments de la Passion réappliqués et brodés. XVIIe siècle.

56 — Bannière en soie crème; au centre une figure
de la Vierge auréolée et une bordure brodée au passé
de soies de couleurs, de fleurs et de dessins symétriques. xviiᵉ siècle.

57 — Deux petits morceaux de soie verte brodé de fleurs
en soie de couleurs et cordonnet métallique. xviiiᵉ siècle.

58 — Petit tapis formé de carrés de toile brodés de fleu-
rons en soie rouge et réunis par des petits points de
broderies également sur toile, dentelle de soie rouge
et or, Italie xviiᵉ siècle.

59 — Devant d'autel en soie crème brodé au passé de soie
de couleurs et appliqué d'un large galon d'or nouant et
reliant des bouquets de fleurs. xviiᵉ siècle.

60 — Nappe d'autel en satin crème, brodée au point de
chaînette, de dessin courant fleuri, au centre le monogramme du Christ, brodé en or.

61 — Panneau de soie jaune brodé au point de chaînette
de bouquets et d'un dessin courant fleuri formant
médaillon.

62 — Panneau de soie vieux rose brodé au passé, de soies
de couleurs et d'or, dessin à fleurs dans des entrelacs
xviiᵉ siècle.

63 — Petit panneau de broderie au passé, en soies de couleurs sur fond amaranthe à dessin de grotesques, corbeille fleurie et oiseau. XVIIe siècle.

64 — Bandeau en tissu de laine marron brodé au passé de larges rinceaux, de grandes fleurs et d'oiseau. Bordure à dessins symétriques. XVIIe siècle.

65 — Quatre bandes, dont deux grandes et deux autres plus petites, de broderie au passé en soies de couleurs or et argent sur fond de soie crème ; le dessin est composé de rinceaux et de bouquets fleuris reliés par des couronnes. XVIe siècle.

66 — Deux bandeaux de toile blanche brodée au point de chaînette en soie verte à figures et décoration réservées, dessin représentant Adam et Eve au Paradis terrestre. Travail vénitien.

67 — Deux bandes étroites de broderie : l'une de soie de couleurs or et argent à dessin courant de fleurs et l'autre à broderie d'or et d'argent à rinceaux. XVIIe siècle.

68 — Grande tenture en trois lés de taffetas amaranthe à broderie de corbeilles, épis et dessin courant en or et paillettes. XVIIe siècle.

69 — Lambrequin en soie jaune à broderies de fleurs et rinceaux en or xvII^e siècle.

70 — Tapis en soie verte à bordure de fleurs brodée au passé, en soies de couleurs, de fruits et d'oiseaux xvII^e siècle.

71 — Tapis de soie vieux rose brodé au passé de soies de couleurs. Au centre un nid d'oiseaux et aux quatre coins de branches fleuries, xvII^e siècle.

72 — Tapis rond brodé au cordonnet et paillettes d'argent sur fond rouge de fleurs d'épis et de rubans noués. Effilé d'argent.

73 — Grand tapis rond en broderies de soies de couleurs et galon métallique à décor de rinceaux et de bouquets fleuris, dentelle d'argent.

74 — Panneau en soie lamé à fleurs sur fond rouge.

SOIERIES

75 — Carré de brocart tissé soie de couleurs or et argent à larges fleurs et feuilles, dans le goût oriental.

76 — Bande de damas de soie à grosses fleurs et feuilles sur fond rouge.

77 — Bande de damas de soie à grosses fleurs et feuilles sur fond vert.

78 — Six coupes de tenture en soie bleu à dessin, en blanc, de bouquets et de nœuds de rubans.

79 — Sept coupes de brocart en soie broché à rinceaux et à fleurs fond jaune. XVIIe siècle.

80 — Carré de brocart fond bleu. XVIIe siècle.

81 — Tenture en brocatelle à dessin de branches fleuries sur fond rouge. XVIIe siècle.

82 — Damas de soie bleue à dessin de rinceaux et de fleurs, bordure en tapisserie de Belleville à fleurs. XVIIe siècle.

83 — Nappe de soie fond bleu pâle à dessin de corbeille et de fleurs style Louis XVI.

84 — Panneau de soie à rayures jaunes et vertes sur fond rouge, dessin oriental.

85 — Panneau de lampas vert pâle broché décor de paysages, oiseaux et fleurs XVIIIe siècle.

86 — Panneau de soierie fond crème broché décor de
cornes d'abondance fleuries et de bouquets. xviie siècle.

87 — Drap de table tissu d'or et d'argent à décor de bouquets en or, frange et grande dentelle d'or. xviie siècle.

88 — Carré de soie broché à fleurs rose sur fond bleu,
dentelle **métallique**. xviie siècle.

89 — Lé de satin prune lamé et broché de fleurettes
xviie siècle.

90 — Trois lés de lampas broché à cornes d'abondance
et fleurs en blanc et jaune sur fond rouge.

91 — Deux lés de soie amaranthe décor de vases, soleils et
bacchantes. Epoque Empire.

92 — Lé de soie crème brochée à décor de larges fleurs
dentelle métallique. xviie siècle.

93 — Coupe de moire verte, empire.

94 — Coupe de morceaux de damas rouge.

95 — Grande couverture de damas vert à fleurs. xviie siècle.

96 — Portière de reps de soie rouge passé bordé de galons d'or.

97 — Tenture de soie rose brochée à dessin de palmettes et feuilles. Travail polonais.

98 — Tapis de table en soie fond chamois, décor de chimères, lions et palmettes, frange en soie.

99 — Tapis en trois lés de brocart lamé à décor de fleurs et de bouquets sur fond rouge, dentelle métallique xviie siècle.

100 — Tapis en deux lés de damas rouge à galons d'or et d'argent. xviie siècle.

101 — Pente en damas de soie rouge à fleurs, xviie siècle, dentelle d'or.

102 — Tapis formé de deux panneaux de soieries à fleurs de lys sur fond rouge et entre-deux, bordure en soie verte à rinceaux et fleurs. Pologne xviie siècle.

103 — Chaperon de chape en soie lamée à décor fleuri sur fond saumon, xviie siècle.

CEINTURES

ET ETOFFES POLONAISES

104 — Belle ceinture polonaise en soie lamée d'or à bandes fleuries.

105 — Belle ceinture lamée d'or à bandes fleuries, pans à bouquets brochés.

106 — Petite ceinture polonaise en soie lamée à rayures en blanc et rose.

107 — Ceinture polonaise de représentant lamée argent à rayures à gros pois rouge et bleu alterné et fleuries sur fond argent, pans et bordures de côté fleuris.

108 — Ceinture polonaise en soie à dessin de bouquets sur fond jaune.

109 — Belle ceinture polonaise lamée or et argent à rayures fleuries; pans à beaux bouquets de fleurs brochés or et soie de couleurs, aux armes de Stanislas, roi de Pologne.

110 — Très belle ceinture en soie lamée or et argent à rayures ornées et fleuries; bandes de côtés et pans à fleurs brochée.

111 — Très belle ceinture en soie lamée deux tons vert et
rose à bandes fleuries sur les côtés ; large effilé d'or,
pans à palmettes fleuries.

112 — Ceinture polonaise en soie à rayures unies en deux
tons vert et mauve et autre rayures fleuries fond violet,
pans à bouquet fleuri en blanc sur fond bleu.

113 — Ceinture polonaise en soie rouge lamée d'or, semis
de rosaces ; pans à bandes fleuries.

114 — Ceinture en soie rose et verte lamée d'or ; pans à
bouquets.

115 — Ceinture polonaise lamée d'argent, à pois sur fond
bleu ; pans à bouquets broché ; effilé d'or.

116 — Ceinture polonaise lamée d'or, boucle en argent.

117 — Gilet polonais drap d'or broché.

118 — Gilet d'homme drap d'or broché.

119 — Tapis de soie marron à dessin de fleurs et palmettes
lamées en or et argent. Tissu polonais.

120 — Tapis de soie marron à dessin de fleurs et palmettes
lamées en or et en argent. Tissu polonais.

121 — Tapis de soie violet foncé à dessin de fleurs et palmettes lamées en or et en argent. Tissu polonais.

122 — Carré de soie violet.

123 — Carré de soie violette à ornements fleuris et grecque lamé en or et en argent. Travail analogue au précédent.

124 — Carré de soie mauve à semi de lame de fleurs et de feuille en or. Travail analogue au précédent.

125 — Carré de soie marron à semi de fleurs et de feuilles lamée en or et argent. Travail analogue au précédent.

126 — Autre carré, analogue au précédent.

127 — Tapis de soie marron passé lamé or et argent à dessin de fleurs semé et de bouquets et ornements de portes en bordure. Pologne, xviiie siècle.

128 — Tenture (makata) en tissu de soie lamée à fond rouge dessin à losages semés. Pologne, xviiie siècle.

129 — Deux draperies en tissu analogue au précédent numéro.

130 — Deux tentures en tissu analogue au précédent numéro.

131 — Deux grandes tentures en tissu analogue au précédent numéro.

132 — Deux coupes de tenture en tissu analogue au précédent numéro.

133 — Grande portière en tissu analogue au précédent numéro.

134 — Tenture (makata) de soie lamée à dessin de rayures alternées et de lampe suspendue. Pologne, xviiie siècle.

135 — Belle tenture (makata) en soie jaune lamée, décor d'architecture; de vase à bouquets, de rinceaux symétriques fleuris et de lampes suspendue. Pologne, xviiie siècle.

136 — Grande tenture (makata) jaune lamée à larges dessins symétriques de fleurs, rosaces et feuilles. Pologne, xviiie siècle.

137 — Tenture (makata) en soie rouge lamée d'or à ornement d'arcade, rosace et palmette avec lampe suspendue, bordure rouge et verte ornée de médaillons. Pologne xviie siècle.

138 — Belle tenture (makata) en soie rouge lamé à ornement de colonnes torses fleuries supportant une arcade également fleurie, décorée à son centre, d'un vase

fleuri et d'une lampe suspendue accostés de rinceaux fleuri. Bordure à dessin symétriques de fleurs et de feuilles. XVIe siècle.

139 — Tenture (makata) en soie décor d'architecture. Au centre un vase fleuri et lampe suspendue, bordure à dessin symétrique.

140 — Coupe de brocatelle à décor de feuilles en vert sur fond jaune.

BRODERIES ORIENTALES

141 — Broderie au point de chainette, en soies de couleurs et cordonnet métallique, sur fond de soie rose, à décor de médaillons, d'animaux chimériques et d'inscriptions dans un ensemble de nuages. La bordure est également ornée d'animaux. Très beau travail chinois.

142 — Tenture de toile blanche br   ée, en soie de couleurs et d'or, de fleurs d'un dessin courant de feuilles et de fleurs dans le goût oriental.

143 — Deux pièce de toile écrue brodée de fleurs en soie de couleurs et entre deux ajourés. Travail oriental.

144 — Voile blanc brodé en soie de couleurs dans le goût oriental.

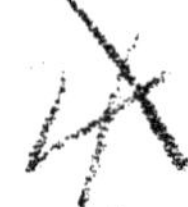

145 — Tapis de mosquée en drap rouge brodé soie et argent. Frange de soie, XVIIe siècle.

146 — Quatre écharpes, quatre tapis, deux autres pièces en laine blanche à broderie de soies de couleurs et d'or, dessin oriental.

147 — Pantoufles turques en velours bleu saphir et bleu foncé à broderie d'or. Turquie.

148 — Carré de velours noir brodé en soie or et perle de bouquets fleuris et de rubans noués. Turquie.

149 — Corsage polonais en velours de soie marron à larges rinceaux et feuilles tissées en or.

150 — Cachemire fond rouge brodé à fleurs et bordure en broderie de fleurs sur fond d'or.

151 — Tapis de toile écrue brodé en soie de couleurs et or de petits dessins et d'une large bordure ajourée.

152 — Tapis et enveloppe de coussin en velours rose et applications de broderie d'or à rosaces et palmettes. Travail oriental.

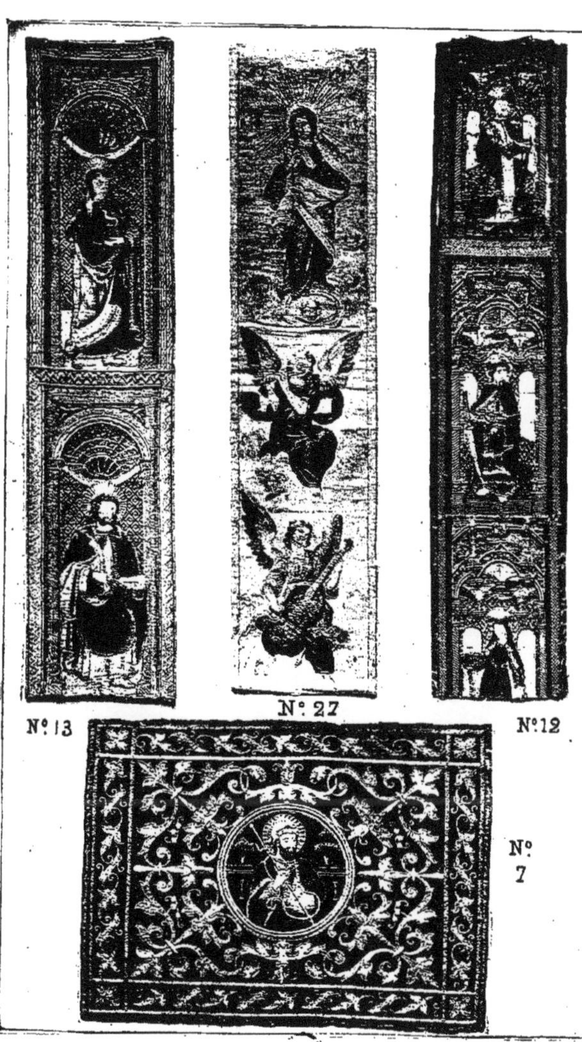

Nº 13
Nº 27
Nº 12
Nº 7

153 — Carré de velours vert olive brodé d'un monogramme
et d'étoiles d'argent.

154 — Tapis en drap gris souris soutaché de drap polychrome formant dessins de fleurs, oiseaux et arabes-
ques.

155 — Deux petits tapis brodés au passé de fleurs en soies
de couleurs. Orient.

156 — Neuf écharpes et un drap en toile à broderies de
motifs orientaux.

157 — Couvre-lit, soie jaune brodée au point de chainette,
d'arbre et branches fleuri noués par un ruban, effilé en
soie assortie.

158 — Panneau d'étoffe orientale fond jaune semée de corbeilles fleuries.

159 — Deux tapis rond en laine bleu pâle brodés en soies
de couleurs d'entrelacs et de rubans et de fleurs.

160 — Deux coussins en soie jaune à motifs de broderie de
soie de couleurs réappliqués. Travail oriental.

161 — Deux pentes de broderies en soies de couleurs d'or,
de fleurs et ustensiles en soie vert mousse. Chine.

162 — Tapis en drap mauve passé, soutaché de drap violet
et rose rehaussé de broderies d'or, décor formé de
branches fleuries entrelacées et d'une corbeille d'or.
Effilé en soie assortie.

163 — Bande brodée à damiers ajourés en soie dégradée.

164 — Tapis en gaze noire brodé au plumetis de fleurs et
de rinceaux en soie de couleur. Travail portugais
xviie siècle.

165 — Tapis en soie verte à bordure de filet brodé au
plumetis, en soies de couleurs, à fleurs et dessins
symétriques, effilé de soie assortie. Travail portugais
xviie siècle.

166 — Autre tapis analogue au précédent.

167 — Grand bandeau d'autel en broderie au plumetis de
soies de couleurs, sur fond de toile blanche décoré
d'une composition centrale : La Vierge couronnée par
le Père Eternel et le Christ entre les figures de la Jus-
tice et de la Pureté, le fond est semé de fleurs. Le haut
du bandeau est à festons fleuris et le bas comprend
trois cœurs avec le monogramme du Christ. Espagne,
xviie siècle.

CACHEMIRES

168 — Grand châle cachemire de l'Inde à fond blanc, décor
à rosace centrale et bandes de dessins fleuris.

169 — Châle cachemire de l'Inde fond blanc à losanges
fleuris.

170 — Echarpe cachemire de l'Inde à fond jaune uni et
palmettes aux pans.

170 *bis* — Châle en cachemire de l'Inde à fond polychrome
brodé à entrelacs et fleurs.

171 — Grand châle en cachemire des Indes, dessin à
rosaces centrale et rayures alternées.

172 — Beau et grand châle en cachemire de l'Inde à très
riche dessin symétrique de branches fleuries.

173 — Grand châle en cachemire de l'Inde à fond bleu uni
encadrement et extrémités à palmettes fleuries.

174 — Cachemire de l'Inde à rayures et palmettes sur
fond blanc.

175 — Châle de l'Inde en laine à rayures fleuries sur fond vert.

176 — Cachemire de l'Inde en laine à rayures rouges, blanches et noires fleuries sur fond mauve.

177 — Robe de chambre en cachemire fond blanc semé de petits dessins de couleurs, bandes et parements en cachemire de couleurs à fleurs.

178 — Tapis de cachemire rouge brodé de fleurs, colonnes, etc. au point de chaînette.

OBJETS DIVERS

179 — Jupe en tissu d'or à pointillé de soie bleue et blanche.

180 — Jupe de satin rouge avec application d'une dentelle d'or.

181 — Robe de chambre en laine blanche à dessin oriental.

182 — Collet en cachemire de l'Inde.

183 — Gilet en drap d'or brodé de fleurs, de feuilles et de palmettes. xviie siècle.

184 — Cinq coiffures bavaroises en toile de soie noire et blanche avec volant de dentelle. xviie siècle.

185 — Surplis à manches et bas ornés de dentelles au point et brodés.

186 — Surplis à manches et bas orné de filet. xviie siècle.

187 — Ombrelle marquise en taffetas lilas à fleurs, monture d'écaille brune semée d'étoiles d'or, garniture en or.

188 — Ombrelle marquise en tulle à pois et dentelle Valenciennes, monture en ivoire à pomme d'or.

189 — Autre ombrelle marquise garnie de Chantilly, monture en ivoire sculpté.

190 — Ombrelle marquise toile écrue, manche en bois, forme pied de biche.

191 — Un lot de bandes et de dix-sept paires de manchettes en broderie de soie de couleurs, de divers points.

192 — Dix sacs réticules en soie perlée d'acier, velours drap d'or, broderie au petit point, perles noires et broderies diverses.

193 — Fond de coiffure de femme entièrement pailleté et brodé d'or à dessin de fleurs. Pologne, xviie siècle.

194 — Trois bandes de broderies en perles de verre pour application, dessin de fleurs et rosaces.

195 — Etole en broderie au point de Hongrie. xviie siècle.

196 — Deux fragments de tapisserie au point. xviie siècle.

197 — Quarante-cinq fleurs en tapisserie au point, réappliquées sur une toile bleue.

198 — Tapis d'autel en tapisserie au petit point à écussons et armoiries des Chevaliers de Malte.

199 — Tenture en tapisserie aux points à dessins de losanges sur fond bleu.

200 — Tapis en tapisserie aux points à décor de bouquets et nœud de ruban sur fond rouge. xviie siècle.

201 — Tapis en tapisserie au point à décor d'entrelacs, bordure à feuilles enroulées. xviie siècle.

202 — Tapis en tapisserie au point à décor d'entrelacs, bordure à feuilles enroulées. xviie siècle.

203 — Trois toïles de Gênes à décor d'arbre fleuri, bordure
animée (sera divisé).

204 — Sous ce numéro : quantité de franges, galons, effi-
lés, embrasses, cordelières, lézardes en métal soie et
laine (sera divisé).

205 — Sous ce numéro : un lot de coupes de soie, velours,
toiles, brocatelle, damas de couleurs (sera divisé).

206 — Tapis-galerie à fond bleu décor d'arbres fleuris dis-
posés en espalier. Bordure à fleurs sur fond rouge.
Orient.

207 — Grand tapis uni à fond rouge décoré d'une rosace
centrale à fleurs sur fond crême. Belle bordure fleurie
sur fond gros bleu.

208 — Grande commode en marqueterie de bois de pla-
cage quadrillé, richement ornée de bronzes ciselés et
dorés, marbre brèche veiné. Style Régence.

209 — Objets omis au présent catalogue.

IMPRIMERIE C. CHAUFOUR

8-10 RUE MILTON, 8-10

PARIS

www.ingramcontent.com/pod-product-compliance
Ingram Content Group UK Ltd.
Pitfield, Milton Keynes, MK11 3LW, UK
UKHW031745170726
13836UKWH00002B/888